LA TUNISIE

sous

M. CAMBON

(1882-1886)

par

LOUIS DE ROYAUMONT

EX-RÉDACTEUR EN CHEF DES JOURNAUX

Marseille-Tunis, Nouveau-Tunis, Indépendant Tunisien,

Petit Tunisien

> Ceci n'est pas un éloge de M. Cambon,
> c'est un hommage à la vérité. — R.

1886

PARIS

C. Marpon et E. Flammarion

26, RUE RACINE, 26

MARSEILLE

PUBLICATIONS POPULAIRES

2, RUE BRETEUIL, 2

LA TUNISIE SOUS M. CAMBON

(1882-1886)

LA TUNISIE

SOUS

M. CAMBON

(1882-1886)

PAR

LOUIS DE ROYAUMONT

EX-RÉDACTEUR EN CHEF DES JOURNAUX

Marseille-Tunis, Nouveau-Tunis, Indépendant Tunisien,
Petit Tunisien

1886

PARIS

C. Marpon et E. Flammarion
RUE RACINE, 26

MARSEILLE

PUBLICATIONS POPULAIRES
2, RUE BRETEUIL, 2

LA TUNISIE

Sous M. CAMBON (1882-1886)

I

Situation de la Régence en 1882

M. Cambon, ministre de la République Française, résident général à Tunis, quitte définitivement son poste et va, en qualité d'ambassadeur, représenter la France à Madrid. Peu de fonctionnaires du corps diplomatique ont été attaqués aussi vivement que M. Cambon, pendant ces deux dernières années. Il nous a paru intéressant de résumer les actes de son gouvernement dans une colonie qui peut-être à bon droit considérée comme notre meilleure colonie. Nous le faisons d'ailleurs avec un peu de hâte, respectueux, avant tout, de l'actualité, et prions le lecteur de mettre au compte de l'improvisation les erreurs et omissions qui pourront nous échapper.

M. Cambon sera un de nos plus jeunes ambassadeurs, il a quarante-quatre ans à peine, étant né le 20 janvier 1843. D'abord avocat, ce petit-fils de l'ancien conventionnel entra dans l'administration au plus fort de la crise nationale, le 6 janvier 1871, comme secrétaire général de la Préfecture des Alpes-Maritimes. Le 31 août de la même année il fut envoyé, en cette qualité, à la Préfecture de Marseille dont le titulaire était alors le comte de Kératry. Nous le voyons successivement préfet à Troyes (3 février 1872), à Besançon (21 mars 1876), enfin à Lille (13 décembre 1877) où il resta quatre ans, jusqu'au moment de sa nomination à Tunis.

La Régence venait d'être pacifiée. Le traité de Kassar-Saïd imposé par le général Bréard au Bey Mohammed Sadok et à son ministre Mustapha Ben Ismaïl, assurait notre domination sous le couvert du Protectorat (12 mai 1881.) Le diplomate qui avait préparé de longue main cette conquête ne pouvait être appelé à l'organiser. M. Roustan était devenu impossible à Tunis non à cause des méfaits imaginaires que lui imputait la presse intransigeante, mais par suite de la faiblesse inimaginable du ministère, qui avait exigé de lui qu'il poursuivit en cour d'assises les propagateurs de quelques ineptes calomnies.

Il fallait trouver un successeur à M. Roustan, envoyé à Washington, et le choix était délicat. L'instrument diplomatique qui mettait la Régence entre nos mains n'avait pas encore été essayé, et tout indiquait que l'avenir de cette colonie, très peu populaire en France, allait dépendre de l'impulsion qui serait donnée au mécanisme gouvernemental appelé le *Protectorat*. M. Cambon fut choisi. Il nous suffirait de constater qu'aujourd'hui la Tunisie a cessé d'être un thème de récriminations et qu'elle est devenue au contraire un sujet d'intérêt croissant pour la France ; cette constatation ferait assez l'éloge de l'administrateur qui a atteint ce résultat inespéré, mais elle ne répondrait pas au but que nous nous proposons et qui est plutôt l'analyse du régime du Protectorat que l'apologie de ses agents.

Vices de la première organisation

M. Cambon fut nommé ministre plénipotentiaire de seconde classe et, en cette qualité, chargé des fonctions de ministre résident à Tunis, le 18 février 1882. Quelques semaines plus tard, il rejoignait son nouveau poste et se trouvait soudain en face d'une situation pleine de difficultés et de périls imprévus.

Le traité de Kassar-Saïd laissait au Bey l'administration de ses Etats, mais comme il s'était montré impuissant à maintenir ses sujets dans le devoir, la France assumait la responsabilité de l'ordre public et entretenait dans la Régence le nombre de troupes nécessaires à cet objet. Le Bey déléguait ainsi ses pouvoirs militaires au général commandant les forces françaises. D'autre part le gouvernement de la République ayant garanti l'exécution des traités qui liaient la Régence aux divers Etats étrangers, délégua auprès du Bey son représentant à Tunis, notre résident, avec mandat de remplir auprès de ce souverain les fonctions de ministre des affaires étrangères. Enfin, la France, qui garantissait la dette tunisienne, se substituait par cela même au gouvernement beylical en matière de finances. Au premier abord rien de plus limpide que cette situation. Le Bey ne conservait en somme, avec la souveraineté nominale, que l'administration et la juridiction de ses sujets indigènes, musulmans et juifs. Le gouvernement était de fait appelé à exercer directement son autorité sur la Régence en matière d'ordre public et de défense territoriale, de relations extérieures et diplomatiques, et de finances. Cette autorité il la déléguait à son résident ; c'était bien simple.

M. Cambon dut cependant s'apercevoir que ce n'était pas tout à fait aussi simple qu'on le pensait à Paris ou ailleurs. Il avait la responsabilité de l'ordre public et il ne disposait pour le maintenir que des quatre janissaires de la Résidence, car la force armée était exclusivement aux mains d'un général relevant directement de la rue St-Dominique et non du quai d'Orsay. Il avait la responsabilité des rapports internationaux, et pour les maintenir pacifiques il était désarmé, tandis que les consuls étrangers, grâce à des immunités nombreuses garanties par des capitulations antérieures, tenaient dans leurs mains la masse de leurs nationaux (la colonie anglo-maltaise forte de trente mille âmes, la colonie italienne plus forte encore), animés d'esprits très divers à notre égard. Il avait enfin la responsabilité de la gestion financière du pays, et il était sans autorité sur la commission internationale qui, depuis 1869, administrait les finances tunisiennes au nom et pour le compte des créanciers du Beylic.

Notre résident à Tunis constatait tous les jours les effets déplorables d'une situation plusieurs fois ambiguë, et il ne pouvait que se plaindre sans avoir la ressource de rien tenter pour briser les entraves qui enchaînaient son action. Cette situation, en effet, était la conséquence du traité de Kassar-Saïd, préparé par M. Barthélemy Saint-Hilaire : et cette erreur de la diplomatie, la diplomatie seule pouvait la réparer, si tant est qu'elle fût réparable.

Un fonctionnaire déjà parvenu eût pris en patience et son temps et sa peine. M. Cambon comprit que c'était une bonne fortune, au contraire, pour un homme au seuil de la carrière, de se trouver aux prises avec des difficultés de cette nature, car en pareil cas on risque ou de n'en pas sortir ou d'en sortir grandi. Il a eu le courage de l'entreprise, voyons comment il y a réussi.

Avènement du Prince Ali Bey

Les circonstances semblèrent d'ailleurs le favoriser dès le début.

Depuis la guerre, Mohammed Sadok régnait encore mais plus que jamais, atteint d'un mal incurable, était gouverné par son ministre Mustapha-ben Ismaïl. Il y avait lieu de craindre que ce tortueux et insinuant personnage, limité désormais dans l'exercice d'une autorité qu'il avait détenue si longtemps sans réserve, se lassât du rôle de ministre *in partibus* et entrât de nouveau dans quelque conspiration de palais destinée à nous créer des embarras inattendus. Ce rôle eût été dans les mœurs du pays, du temps et de l'individu. Cet élément de trouble ne tarda pas à disparaître. Son maître et seigneur mourut le 28 octobre 1882. Si Ali Bey, frère du défunt, était appelé à lui succéder. Le nouveau Bey, en d'autres temps, eût fait pendre le favori dans un bref délai. Mustapha put craindre un moment une catastrophe de ce genre et se hâta de mettre la Méditerranée entre ses ennemis naturels et sa précieuse personne.

L'investiture fut donnée au bey Ali par le résident de France représentant le gouvernement de la République. Ainsi, tandis que disparaissait avec Mohammed Sadok et Mustapha, le dernier lien qui attachât encore la Régence à son passé autocratique, l'avènement d'un prince qui tenait son pouvoir de notre consentement, plus encore que de son droit héréditaire, allait faciliter au résident son œuvre d'organisation. Il convient de dire ici — pour n'y plus revenir — que le Bey Ali est entré correctement dès le premier jour dans l'emploi de souverain constitutionnel et qu'il a depuis lors observé les stipulations du traité de Kassar-Saïd avec une fidélité scrupuleuse. C'est un vieillard affable et doux, de mœurs patriarcales, chef d'une nombreuse lignée, que sa liste civile (1.200.000 fr.) suffit à peine à entretenir sur un pied convenable à son rang. Il s'occupe peu de politique, se restreint à une sage gestion de ses domaines et gouverne ses sujets indigènes comme sa propre famille. Son palais de la Marsa est voisin de l'habitation du cardinal Lavigerie pour lequel il professe une estime particulière et dont il cultive avec soin le voisinage, ce qui est une exception très remarquée à ses habitudes de réserve à l'égard des européens.

La Réforme Financière

Le 1er janvier 1883, le député de la colonie française de Tunis venait féliciter M. Cambon d'avoir, dans les premiers mois de son administration, pris une part active aux négociations qui avaient suivi la répression de l'insurrection et qui aboutirent à la rentrée des tribus dissidentes ; mais en même temps il exprimait le regret de voir retardée indéfiniment l'organisation matérielle du Protectorat. Le résident répondit que l'année 1883 ne se passerait pas sans un progrès considérable réalisé dans le sens souhaité par la colonie et, conformément à cet engagement qu'il avait dû prendre vis-à-vis de lui-même avant de le prendre en face de la colonie, il présenta bientôt à la ratification du gouvernement français une convention financière, dite du 8 juin 1883, convention prévue par le traité de Kassar-Saïd et qui devait avoir pour effet de mettre effectivement entre les mains du gouvernement protecteur, c'est-à-dire de la Résidence, les finances tunisiennes, par la conversion de la dette et la suppression de la Commission financière.

Le lecteur sait quelle était à cette époque l'état financier de la Régence. Après sa faillite de 1869, le gouvernement beylical s'était vu placé sous la tutelle des gouvernements intéressés, France, Angleterre, Italie, lesquels avaient institué une Commission financière chargée de les représenter en Tunisie et de prendre en mains l'administration des Revenus concédés. On appelait ainsi les sources de revenus publics que le Bey abandonnait à ses créanciers pour être attribués au payement des intérêts de sa dette. Le Bey conservait à titre de liste civile quelques-uns de ces revenus, les plus douteux, ceux qui présentaient le plus de difficultés à la perception (impôt de capitation, produits du Domaine, biens Habbous etc.) Au contraire les ressources les plus claires et les plus tangibles du budget, c'est-à-dire le produit des douanes, des marchés, des monopoles (poudre, tabac, sel, etc.) étaient aux mains de la Commission financière. Grâce à des procédés d'administration très levantins, la Commission parvenait à peine, avec toutes ces ressources, à payer de temps en temps quelque coupon attardé, et à entretenir son nombreux et omnipotent personnel. Quant au trésor beylical c'est à peine si, en faisant rendre le plus possible aux Revenus réservés, il suffisait aux besoins des princes et des fonctionnaires : les honoraires prélevés, il ne restait plus rien pour l'entretien des troupes, les travaux publics, la réfection des ports, des routes ou des monuments et autres dépenses de première nécessité : les villes même étaient dépourvues de toute ressource propre pour satisfaire aux travaux de voirie les plus urgents.

Un gouvernement beylical quelconque serait resté indifférent en présence de cet état de choses. Un gouvernement protecteur, que l'on eût rendu responsable de la dégradation des villes et du dépérissement de l'Etat, avait pour premier devoir de rendre à l'Etat et aux villes leurs moyens de conservation et même de développement.

Le traité de Kassar-Saïd avait préparé le terrain. L'article 7 stipule en effet que « le gouvernement de la République Française et le gouvernement de S. A. le Bey se réservent de fixer d'un commun accord les bases d'une organisation financière de la Régence. »

La convention du 8 juin 1883, qui est le premier acte politique de l'administration commune du nouveau Bey et du nouveau résident, détermine ces bases prévues.

« Afin de faciliter au gouvernement français l'accomplissement de son Protectorat, dit l'article premier, son Altesse le Bey de Tunis s'engage à procéder aux réformes administratives, judiciaires et financières que le gouvernement français jugera utiles. »

Comme on le voit, ce premier article promet les réformes dans le domaine administratif, judiciaire et financier ; il est à remarquer cependant que les articles suivants ont trait uniquement à la réforme financière : de celle-ci en effet découlent nécessairement les autres.

Quel était le problème à résoudre ? on l'a vu d'après ce qui a été dit plus haut. Il fallait rendre au gouvernement beylical la libre disposition de ses revenus afin que, par des améliorations successives, par une gestion plus intelligente ou plus sévère que celle de la Commission, il pût en augmenter le chiffre et en tirer les moyens de subvenir aux besoins du pays sans faire tort à ses créanciers.

La convention du 8 juin contient la solution du problème ainsi posé. Aux termes de l'article 2, le Bey était autorisé à contracter un emprunt (garanti par le gouvernement français) de la somme nécessaire à la conversion ou au remboursement de la dette consolidée, s'élevant à 125 millions de francs, et de la dette flottante jusqu'à concurrence d'un maximum de 17,549,300 francs.

Par suite de cet arrangement, les détenteurs de créances tunisiennes se trouvaient en présence, non plus d'un Bey plus ou moins solvable, mais du gouvernement français ; la Commission financière internationale, créée en défiance de l'administration beylicale, devenait inutile et même impossible, du moment où le débiteur avait pour garantie la République elle-même ; le gouvernement beylical redevenait maître de ses ressources, sous le contrôle de la Résidence ; toutes les réformes devenaient possibles du fait de la réforme financière.

C'était quelque chose que d'avoir élaboré la Convention du 8 juin 1883 et de l'avoir fait agréer au Bey ; le plus difficile était d'obtenir qu'elle fût ratifiée par le gouvernement français, car cette ratification était subordonnée au bon plaisir des Chambres et nos représentants fort ignorants des choses coloniales et même financières, ne paraissaient pas disposés à approuver un arrangement que les adversaires du Cabinet de M. Jules Ferry représentaient comme une duperie nationale servant de couvert à une spéculation particulière.

C'est ainsi que l'esprit de parti, aveugle trop souvent, dénature les vérités les plus éclatantes.

Les préventions que rencontrait la réforme des finances tunisiennes auprès de nos honorables étaient si fortes, qu'il fallut de longs mois pour les vaincre et qu'elle qu'en fût l'urgence, elle ne fut ratifiée qu'un an plus tard, jour pour jour.

Il n'avait pas fallu moins de temps au résident pour établir d'une façon indiscutable ces données élémentaires : que la réforme était indispensable ; qu'elle n'engageait pas les finances françaises ; que d'ores et déjà, depuis la pacification, les revenus de la Tunisie concédés, affermés ou réservés, avaient prouvé que la Régence, même sous un régime défectueux, était en état d'assurer elle-même le service de sa dette, et qu'une administration nouvelle, plus rigoureuse et mieux entendue, pouvait en outre tirer de ce pays, si bien doté par la nature, un budget capable de servir à son développement, compris au point de vue français.

M. Cambon dut faire en France un séjour de quatre mois (de janvier à mai 1884) pour obtenir que la loi fût étudiée, mise à l'ordre du jour du Parlement et discutée. Il prit une part active à la discussion, la soutint à la tribune de la Chambre des députés, en qualité de commissaire du gouvernement et s'y montra, pour ses débuts, orateur habile et heureux. Le projet de loi portant ratification de la convention financière fut voté à une forte majorité à la Chambre et au Sénat et, enfin, promulgué le 8 juin 1884.

Les opérations matérielles de la conversion de la dette tunisienne furent achevées dans le délai de trois mois et, conduites avec prudence, n'ont donné lieu à aucune des difficultés que l'on avait pronostiquées.

L'emprunt opéré, la dette convertie, un décret en date du 2 octobre déclara que la Commission financière instituée par décret du 5 juillet 1879 et le Conseil d'administration des revenus concédés, créé par l'arrangement du 23 mars 1870, cesseraient d'exister avec l'année courante, c'est-à-dire le 12 octobre (1301 de l'Hégire). En conséquence de cette suppression tous les services financiers de la Régence étaient réunis dans une seule main, celle du directeur des finances ; tous les revenus seraient perçus, toutes les dépenses effectuées par ses soins. Le directeur investi de ces importantes fonctions était M. Depienne, qui déjà chargé antérieurement des services financiers, semblait en effet tout désigné pour un tel poste par l'espèce de stage qu'il avait subi.

Les premiers pas du Protectorat

Par suite de cette révolution administrative, la Résidence se trouvait mise en demeure d'établir elle-même le budget tunisien dont elle était désormais maîtresse ; et il lui fallait l'établir immédiatement, c'est-à-dire pour l'année qui commençait, l'année 1302 du calendrier musulman, dont le 1er janvier correspond au 13 octobre.

Ce premier budget de l'administration française en Tunisie n'est pas cependant aussi improvisé qu'on aurait pu le craindre ; il réalise quelques unes des réformes promises par M. Cambon et laisse déjà clairement entrevoir les heureux résultats que peut produire une gestion bien ordonnée de la Régence.

Le budget des recettes est arrêté à 23,742,000 piastres ; celui des dépenses à 23,663,667 piastres

soit un excédent de 78,333 piastres en faveur des recettes. Le gouvernement français est donc bien assuré qu'il n'aura pas à intervenir pécuniairement dans les affaires de la Régence, et que sa garantie ne sera jamais que nominale.

L'article 3 de la convention du 8 juin, base de notre Protectorat, stipule que, sur les revenus de la Régence, le Bey prélèvera 1° les sommes nécessaires pour assurer le service de la dette ; 2° la somme de 2 millions de piastres, montant de sa liste civile ; le surplus des revenus devant être affecté aux dépenses d'administration de la Régence et au remboursement des charges du Protectorat.

En conséquence de ce qui précède, le budget de 1302 attribue 1° 11 millions de piastres au service de la dette (presque la moitié du budget total ;) 2° 2 millions de piastres à la liste civile. Il reste encore dix millions environ pour les dépenses des services publics : la Tunisie n'avait jamais été à pareille fête.

La direction des travaux publics est pourvue des fonds nécessaires à l'exécution des routes qui faisaient complètement défaut, à la réfection des ports de la Goulette, Sfax, Sousse, Bizerte, Gabès.

La sécurité publique est assurée par le crédit de quatre cent mille piastres octroyé à la police tant indigène qu'européenne.

D'autre part, un service nouveau, mais d'une utilité non douteuse, celui de l'instruction publique, est créé et doté de deux cent mille piastres à l'aide desquels le directeur du service, M. Machuel, que l'on a fait venir d'Alger où il enseignait l'arabe aux français et le français aux arabes, va créer de nombreuses écoles franco-arabes qui propageront rapidement et sûrement notre influence chez les populations indigènes et colons européens. Enfin les municipalités nouvellement instituées reçoivent des subventions qui s'élèvent à un million de piastres.

Pour se livrer à de telles prodigalités, le trésor tunisien avait-il eu besoin de recourir à des taxes nouvelles ? Bien loin de là, il avait fait des sacrifices considérables, en renonçant à certaines taxes en faveur des municipalités et en abandonnant le produit de quelques autres, contraires aux intérêts du commerce local.

Du côté des dégrèvements c'était : l'abaissement du droit qui pesait sur la chaux et les briques de fabrication locale, l'abaissement des droits qui frappaient les huiles à leur sortie de la Régence, la suppression de tout droit d'exportation sur les blés, orges et légumes secs ainsi que sur les chéchias. Autant de preuves de la bonne volonté du gouvernement.

La constitution de municipalités pourvues d'un budget constituait aussi un grand pas dans l'amélioration progressive du régime beylical. Depuis longtemps Tunis seul existait à l'état de municipe ; mais, dépourvue de ressources bien précises, l'administration de la ville était hors d'état de pouvoir subvenir à son entretien. Quant aux autres villes de la côte ou de l'intérieur, elles n'avaient pas d'individualité administrative, elles n'existaient pas. Est-il utile de rappeler que, faute de budget municipal, les ordures croupissaient dans les rues de Sfax au point d'avoir causé à diverses reprises des épidémies sérieuses de fièvre typhoïde ?

Il y avait urgence à ériger en communes ayant une existence légale des agglomérations aussi considérables que Sousse et Sfax, même la Goulette, Bizerte, le Kef ; mais il eût été puéril de le faire avant de pouvoir les doter des ressources nécessaires à leur entretien. C'est pourquoi l'érection en commune de ces principales villes coïncide avec la réforme financière, qui permet au gouvernement de leur abandonner le produit de l'impôt foncier appelé Kanoube, que le trésor central avait absorbé jusque-là ; et comme le produit de cette taxe pouvait présenter des aléas et laisser subsister une insuffisance de ressources, le budget des dépenses partage entre elles, ainsi que nous l'avons vu, un crédit d'un million de piastres.

La réforme Judiciaire

On voit déjà le Protectorat prendre forme ; on suit ses développements lents et pénibles, mais réguliers, et ce spectacle est fait pour rassurer ceux qui, au début d'une tâche analogue, seraient tentés de céder au découragement.

La réorganisation des services financiers, la constitution des municipalités, l'impulsion donnée aux travaux publics et à l'enseignement, ce n'est encore qu'une faible partie de l'œuvre.

Pour donner au Protectorat une assiette définitive, le résident avait à poursuivre encore : 1° Dans le domaine du droit international l'unité des juridictions ; 2° Dans le domaine de la politique, la concentration des pouvoirs en une seule main ; 3° Sur le terrain économique, le développement de la colonisation par l'établissement de travaux publics, la refonte du système douanier et la sécurité à accorder aux transmissions de la propriété ; 4° Dans le domaine de l'administration intérieure, la réforme des abus du régime indigène et les rapprochements à créer entre l'élément arabe et l'élément européen dans la Régence : programme complexe s'il en fut jamais !

Le premier de ces problèmes, l'unité de juridiction, consistait, en ce qui concerne la population européenne assez nombreuse en proportion de la population totale, à obtenir des gouvernements intéressés qu'ils voulussent bien renoncer au droit de juridiction que les capitulations accordaient à leurs consuls ou agents consulaires. Ce résultat fut obtenu par notre diplomatie à la suite de longues négociations. Dès le 1er janvier 1881, la Grèce et l'Angleterre avaient abandonné leur droit, livrant leurs nationaux à notre tribunal. Les colonies grecque et anglo-maltaise sont nombreuses ; c'était un grand pas de fait. L'Espagne et l'Allemagne suivirent aussitôt cet exemple, puis vinrent la Belgique, la Russie, les Pays-Bas, etc., mais l'Italie fit attendre son adhésion jusqu'au mois de juillet et finalement l'accorda de la plus mauvaise grâce du monde (décret royal du 15 juillet).

Dès lors rien ne s'opposait plus à une première unification de juridiction pour toute la colonie étrangère résidant à Tunis. Un décret du bey étendit aussitôt la compétence du tribunal français à tous les résidents tunisiens (décret du 31 juillet 1884).

Les tribunaux français ont été institués en Tunisie par un décret du 23 mars 1883. A leur début, ils n'avaient puissance que sur les colons français ou protégés français. Cependant leur organisation était préparée en vue d'une compétence plus étendue. Ils comprenaient : un tribunal

remière instance ressortissant à la Cour
el d'Alger et ayant dans ses attributions le
ercial, le civil et le correctionnel. Des juges
ix étaient créés à Tunis, la Goulette, Sousse
Kef. Ces magistrats connaissaient des affai-
ommerciales jusqu'à concurrence de mille
s et des délits de simple police. Au criminel
bunal de première instance se transformait
ibunal d'assises par l'adjonction de six
seurs choisis dans la colonie française si
sé était français, et, dans le cas contraire,
s moitié dans la colonie française et moitié
l les compatriotes de l'accusé.
première extension de la connaissance des
aux français remonte au décret du 7 juin
par lequel le Bey reconnaissait leur compé-
sur ses propres sujets dans toutes les affai-
viles ou commerciales dans lesquelles des
éens se trouvaient être défendeurs. Un indi-
n'avait de recours contre un européen, de
ue nationalité qu'il fût d'ailleurs, que devant
agistrats français.
décret du 31 juillet 1884, conséquence inévi-
de la suppression des juridictions consulai-
a plus loin encore. Il étend cette compétence
tes les affaires civiles ou commerciales dans
elles les Européens sont en cause, qu'ils
t défendeurs ou demandeurs, et quelle que
a nationalité de la partie adverse. Ce décret
éserve en ce qui concerne les indigènes,
e règlement des contestations relatives au
t personnel et aux successions. Quelques
ines auparavant, un décret du Président de
publique avait étendu à la Tunisie l'applica-
de l'assistance judiciaire, telle qu'elle est
quée en France (18 juin 1884). Pour complé-
unification de la juridiction, en même temps
pour faciliter la colonisation, il restait à in-
aire un régime spécial à la propriété immobi
, de telle sorte que la constitution, la conser-
n et les affectations diverses de cette pro-
é fussent placés sous un contrôle unique,
des tribunaux français. Le décret du 31
et dont il vient d'être parlé contient en germe
importante réforme ; il créait en effet une
mission extra-judiciaire composée de magis-
et d'avocats français, italiens et musulmans,
gée de préparer la « codification des lois
ives à la propriété foncière en Tunisie et de
oser les conditions dans lesquelles la compé-
e en matière immobilière serait transmise aux
naux français. » Des travaux de cette com-
ion est sortie cette *Loi foncière tunisienne*
a pour base des dispositions empruntées à
r TORRENS, dont l'Algérie cherche en ce
ent à s'appliquer les mérites et que les légis-
urs français seront peut-être bientôt amenés
pier plus ou moins littéralement.

L'Act Torrens en Tunisie

initiative de cette grosse réforme appartient
Cambon, qui en doit lui-même la première
à M. Yves Guyot.

Dans une communication qu'il a faite à la Société de géographie commerciale de Paris, le 19
janvier 1886, M. Yves Guyot a raconté comment
il a eu connaissance, par hasard, de l'*Act Torrens*
dont l'économie fit sur lui une telle impression
qu'il résolut de s'en faire en France le propagateur.

« J'ai fait en 1883, ajoute l'honorable député
de Paris, deux voyages en Algérie. A la fin d'un
de ces voyages, me trouvant en Tunisie, je vis M.
Cambon. Comme il m'entretenait de ses préoccu-
pations au sujet de la constitution de la propriété
en Tunisie, je lui dis : Mais vous devriez appliquer
l'*Act Torrens*. Je lui envoyai des documents et
il nomma une commission chargée d'étudier l'application de cette loi. Sur le rapport de M. Pontois, président du Tribunal Civil, cette commission adopta un projet de loi qui se compose, ni
plus ni moins, de 381 articles : c'est un code
complet sur la propriété foncière, dans lequel on
a fondu d'une manière très habile les principales
dispositions de l'*Act Torrens* avec certaines dispositions de notre droit civil. »

Quel est le caractère du projet présenté par M.
Cambon, préparé par la commission beylicale
et promulgué le 5 juillet ? Le *Real Property Act*,
connu sous le nom de sir *Torrens*, qui en fit le
premier l'application à l'Australie, dont il était
gouverneur (1861), a pour caractère dominant de
transformer la propriété foncière en une sorte de
valeur mobile. A cet effet, le propriétaire ou ayant-
droit quelconque d'un immeuble, désireux de
placer cet immeuble sous la protection de la loi
nouvelle, adresse à un fonctionnaire spécial une
requête dans laquelle il donne le signalement
complet de sa propriété : description, plan, pho-
tographie, origines et charges. Après enquête et
vérification, il est remis au propriétaire un certificat de titre reproduisant toutes ces indications.
Dès lors ce document représente la propriété, de
même que l'état-civil constitue l'individualité
légale d'une personne, de même que le papier
d'une banque d'État ou d'une société financière
représente une valeur déterminée. La vente se
borne au transfert du certificat de titre, comme
la vente d'un titre de rente nominatif.

La loi du 5 juillet supprime en outre toutes les
hypothèques occultes et les hypothèques géné-
rales et les a remplacés par l'hypothèque spécia-
lisée, qui devient elle-même transmissible par
voie d'endossement. En présence de ces innova-
tions heureuses il faut dire avec M. Paul Leroy
Beaulieu :

« La propriété foncière a trouvé en Tunisie sa
formule réelle beaucoup plus nette, plus précise
et plus complète qu'en France même. »

La loi du 5 juillet 1885 est entrée en application au mois de septembre 1886 après le long
délai indispensable à sa mise en œuvre. Un des
derniers actes de M. Cambon a été la nomination du tribunal mixte chargé de juger en premier et dernier ressort les litiges dont pourrait
être l'objet la constitution des propriétés d'origine
indécise ou contestée.

II

Rivalité entre les Autorités Françaises

Comme on le voit, la Résidence étendait peu à peu son action sur les services administratifs de la Régence ; cette concentration, toute au profit de la France, augmentait considérablement l'autorité de la Résidence. Cet accroissement du prestige d'un fonctionnaire de l'ordre diplomatique se faisait aux dépens du prestige des fonctionnaires délégués par les autres ministères de la métropole. Le tribunal, le parquet, les autorités militaires notamment, se considéraient sur le même pied que la Résidence, en vertu du décret du 21 avril 1882 qui avait rattaché aux divers départements ministériels français, les différentes administrations françaises créées dans la Régence, et ne rendaient au résident que des hommages de pure courtoisie. Ces services importants échappaient à l'action effective du pouvoir central, apportant ainsi un obstacle à l'unité de direction si nécessaire pourtant. Cette unité, M. Cambon avait le devoir de la rechercher et de la constituer, non pas à son profit personnel, mais pour le bénéfice de la fonction dont il était investi et du gouvernement français vis-à-vis duquel il était seul responsable.

D'autre part, il n'était guère supposable que des fonctionnaires comme le président Pontois, le procureur de la République, M. Boerner, et le général Boulanger, venus en Tunisie sur le pied de l'égalité avec M. Cambon, consentissent à voir leurs emplois abaissés en leurs personnes devant la Résidence. La situation ne pouvait se dénouer que par un conflit, lequel, après quelques mois de rivalité sourde et de secrètes oppositions, prit soudain le caractère aigu d'une crise dans laquelle on put craindre un moment de voir se perdre l'un et l'autre de ces personnages et avec eux la Régence elle-même. Comme, après tout, cette petite convulsion a eu pour résultat de consolider la situation de M. Cambon et de grandir celle du général Boulanger, il n'est pas inutile de la définir avec exactitude et d'en retracer avec fidélité les détails jusqu'ici mal connus ou dénaturés.

Le mécontentement de l'autorité militaire date de la création du service et du corps des contrôleurs civils, (décret du 1ᵉʳ novembre 1881) institution qui avait pour objet de substituer des agents civils, délégués de la Résidence, aux officiers des Bureaux de renseignements que le commandement militaire avait institués au début de l'occupation, à l'instar des bureaux arabes. La Résidence était sans action possible sur ces bureaux de renseignements ; elle était dans son rôle en leur retirant tout caractère administratif pour confier leur emploi à des fonctionnaires qui seraient de son ressort. Il était naturel aussi que nos officiers vissent d'un assez mauvais œil cet empiètement de l'élément civil. Il fallait s'attendre à voir ce mécontentement se révéler à la première occasion favorable. Quant aux contrôleurs civils, sortes de commissaires délégués auprès des gouverneurs indigènes pour les maintenir dans la soumission à l'égard du pouvoir central et dans la modération vis-à-vis de leurs administrés, ils avaient une légitime raison d'être. On vient récemment encore d'en augmenter le nombre. Il y a aujourd'hui 6 contrôleurs civils dont le siège est à la Goulette, Sousse, Kef, Gafsa, Kérouan et Bizerte.

De son côté la magistrature était en froid avec la Résidence depuis que la question avait été posée à savoir si les magistrats français qui exerçaient en Tunisie devaient continuer à être payés par le budget de la métropole.

M. Paul Leroy Beaulieu avait le premier, dans le *Journal des Débats*, posé ce principe que toutes les dépenses du personnel français de la Régence devaient être payées par le budget tunisien, et il insistait pour que les magistrats français eux-mêmes fussent à l'avenir rémunérés par le trésor beylical.

Cette théorie par si subversive et attentatoire à la dignité comme à l'indépendance de la magistrature ; on attribua sur de simples présomptions l'article de M. Beaulieu à l'inspiration de M. Cambon et on en conclut que le résident nourrissait le secret et coupable espoir d'asservir le tribunal de Tunis à ses desseins en faisant de ce corps respectable un salarié du Bey.

C'était grossir volontairement une simple question d'économie domestique. Aujourd'hui les dépenses du personnel des tribunaux de Tunis sont remboursées au trésor français par le budget beylical. C'est donc le budget beylical qui fait les frais de l'administration de la justice en Tunisie ; c'est le but que se proposait d'atteindre M. Cambon. La conscience des magistrats souffre-t-elle la moindre atteinte de ce règlement ? Leur indépendance est-elle compromise ? Pas le moins du monde, on le voit bien, et la querelle ainsi soulevée n'était qu'une querelle de mots inspirée par une banale question de préséance : ce sont les plus irritantes.

Situation des partis : hostilité au Résident

Précisément, depuis quelques mois, l'administration de M. Cambon était violemment attaquée dans certains organes de la presse parisienne. A la vérité, ces organes étaient DEUX, ce qui est peu sur la quantité ; mais ils faisaient du bruit comme dix Un grand journal du matin procédait contre le résident à coups de massue ; c'étaient des articles solennels, des *Premiers Paris*, espacés de trois ou quatre mois, et représentant, en phrases désespérées, la Tunisie comme un pays perdu, et perdu par la faute de M. Cambon. Ces articles rigoureusement et bravement anonymes, issus de quelque profond politique désireux de prendre la place de M. Cambon, restèrent sans effet comme ils étaient sans auteur responsable.

Tout au contraire de ce grand journal, une petite feuille populaire dirigée par un israélite, faisait à ce fonctionnaire une guerre d'escarmouches, et, pendant deux ans, il ne s'est guère passé de jour sans que le journal contint un entrefilet sur ce thème : les concussions de M. Cambon, la révocation de M. Cambon, la ruine de la Tunisie, les scandales de Tunis. Le petit journal a eu plus de succès que le grand. Il n'obtint pas, il est vrai, le procès qu'il semblait rechercher, mais il voulait que M. Cambon quittât Tunis : il va à Madrid. A cela près qu'au lieu d'une destitution c'est un avancement, le résultat est le même.

Tout était il donc faux ou exagéré dans ces tableaux désolés que l'on faisait de la Tunisie ? Hélas, non ! la Régence souffrait de la crise économique qui depuis plusieurs années sévit universellement ; elle souffrait du régime de transition qu'il fallait fatalement traverser avant d'atteindre une organisation complète du Protectorat ; elle souffrait des ruines accumulées par les règnes antérieurs, par la gu rre, par le choléra qui suspendit toutes les transactions pendant près de deux ans (1881-1885 ;) elle souffrait aussi et surtout d'une plaie plus vivace que toutes les autres, l'usure, le chancre rongeur de la banque juive.

Il n'était au pouvoir de personne de réparer ces désastres par un coup de baguette. Les réformes ne pouvaient pas produire des résultats instantanés. Le Protectorat ne pouvait pas faire que, sur une simple invocation, des routes fussent tracées, des ports creusés, des lois protectrices élaborées et appliquées. Et les souffrances étaient vives dans la colonie, d'autant plus qu'elle avait connu une prospérité relative pendant les premiers mois d'une occupation militaire qui se chiffrait par une trentaine de mille hommes. Et comme il fallait bien accuser quelqu'un de cette situation, on accusa M. Cambon, ses auxiliaires, son administration et le Protectorat lui-même. Quoi de plus naturel et cependant quoi de plus injuste !

L'irritation que des souffrances malheureusement très réelles avaient causée dans la population française de Tunis et qui avait trouvé son écho à Paris, avait ravivé, dans la Régence, d'une part les jalousies d'une fraction de la colonie italienne, non encore consolée de notre succès de 1881, d'autre part les espérances d'un parti, peu nombreux mais remuant, de musulmans irréconciliables qui, après avoir résisté toute leur vie à l'autorité des beys, trouvaient dur de se soumettre à de vils roumis : A la tête de cette faction se trouvait le propre neveu, l'agent du Cheik Senoussi, le redoutable adversaire de la colonisation européenne en Afrique.

A ces trois éléments qu'il semblait impossible de voir unis, il suffisait d'adjoindre un élément spécial, capable de servir de lien entre eux. Cet élément existait ; il s'offrit de lui-même, se glissa entre les partis pour les réunir comme un béton liant, et la coalition fut faite :

quelques juifs levantins et italiens, désintéressés dans les questions nationales, mais intéressés à un état de crise qui favorise toutes sortes d'opérations louches, avaient opéré ce miracle.

L'accord s'opéra entre les coalisés sur la question des eaux. Le gouvernement avait concédé à une compagnie nouvelle l'exploitation des eaux des sources de Zaghouan et de Djugar, qu'un magnifique aqueduc romain restauré sous le bey Ahmed par un ingénieur français, amène et répand dans les villes de Tunis et la Goulette. Le contrat intervenu, tout en tenant compte des charges qui incombent au concessionnaire, réglemente avec générosité et prudence la distribution des eaux dans les villes et leurs dépendances. La question est de premier ordre, sous le soleil d'Afrique.

Avant cette réglementation, l'exploitation des eaux avait été le privilège d'une société de trois généraux anciens ministres des beys, lesquels avaient passé des contrats avec les principaux propriétaires de Tunis et leur donnaient l'eau à discrétion moyennant une redevance dérisoire. Ces abonnés en usaient avec une telle libéralité, que souvent il ne restait plus d'eau dans les réservoirs pour les besoins de la voirie. Le nouveau régime supprimait cet abus et imposait un prix d'abonnement proportionnel à la consommation de chacun, à raison de trente centimes le mètre cube.

On croira difficilement, et cependant le fait est acquis à l'histoire, que les propriétaires tunisiens, en grande partie israélites, sont partis de cette taxation pour crier à l'oppression, à la ruine, à la spéculation, et appeler toutes les malédictions du ciel sur notre despotique administration. L'eau à six sous le mètre, le gaspillage supprimé, telles sont les bases de cette campagne des " Eaux de Tunis " qui a occupé un jour la France entière, et faillit entraîner le Protectorat et M. Cambon dans ses flots tumultueux.

Le péril juif

M. Edouard Drumont dans son livre fameux *la France Juive*, a commis une lourde erreur en représentant l'administration Cambon comme une administration placée toute entière sous l'influence israélite. La vérité est que le résident, représentant à Tunis d'un gouvernement essentiellement laïque, sut concilier avec une rare habileté et ce qu'il devait à son titre d'agent de la République et les légitimes nécessités de sa situation, ménageant avec la même délicatesse, sans prendre parti entre elles, chacune des confessions qui se disputent l'Afrique : le culte catholique, représenté par le cardinal Lavigerie, cet homme si remarquable comme prélat et comme administrateur, respecté par ses adversaires même comme patriote et comme chrétien ; — l'islamisme, religion nationale de la Régence et dont le maintien est une garantie d'ordre public ; — le judaïsme, enfin, considérable par le nombre de ses sectateurs, tant indigènes qu'européens, redoutable par la savante discipline que lui a imposée l'Alliance israélite universelle.

Si M. Cambon a eu des préférences pour le culte catholique, le sien après tout, il ne les a pas manifestées comme fonctionnaire, mais l'éclectisme administratif qu'il pratiquait à l'égard des trois confessions ne suffisait pas au parti israélite qui eût voulu une protection spéciale, une part dans la direction des affaires publiques, un rôle à jouer en Tunisie comme en Algérie, et c'est dans la résistance qu'il rencontra dès le premier jour du côté de M. Cambon, que l'on trouve la raison première, initiale, dominante, de l'hostilité que notre résident a rencontrée en Tunisie et qui s'est révélée sous des formes que nous avons décrites.

La population indigène de la Tunisie n'est guère supérieure à 1.500.000 âmes ; et sur ce nombre il ne faut pas compter moins de soixante mille israélites dont la moitié à Tunis même, ou à la Goulette, le reste réparti entre les villes de la côte et de l'intérieur. Actif autant que l'arabe est indolent, calculateur autant que celui-ci est insouciant, le juif tenait déjà une grande place dans la Régence quand se produisit l'occupation. L'Alliance israélite universelle, prévoyant la guerre de 1881, à laquelle elle ne fut pas étrangère, créa à Tunis et dans les principales villes, des écoles qui en peu d'années ont dégrossi, cultivé, transformé radicalement les bas-fonds de ces tribus juives, qui croupissaient dans un état voisin de l'abjection, en un élément nouveau, armé des progrès de l'instruction, en état désormais de se mêler à la vie publique et disposé à y jouer un rôle prépondérant. Sans entrer ici dans le détail de l'organisation juive de la Tunisie, nous ferons seulement remarquer que dès à présent la finance, la propriété foncière, le commerce et l'industrie sont exclusivement entre les mains d'israélites tunisiens, italiens, algériens ou marseillais, et que des français non israélites ne sauraient lutter contre eux. La banque, les douanes, les monopoles affermés, les municipalités, celle de Tunis même, les études de gens de loi, les administrations (sauf la Résidence) emploient des israélites de préférence et à tous les degrés.

Cette extension de la puissance juive serait intéressante à étudier si elle ne présentait un danger pour notre colonisation. Les financiers israélites (ils le sont tous à Tunis,) grands banquiers ou prêteurs à la semaine, poursuivent avec une inflexible persévérance l'expropriation légale de la race arabe. Etant donné le caractère de l'arabe qui vit au jour le jour et emprunte sans songer à rendre, très insouciant de l'avenir, il est facile de prévoir le jour où il ne restera plus un seul propriétaire indigène sur toute l'étendue du territoire. Deux millions de musulmans seront devenus les serfs de quelques milliers de juifs et, par haine de cette race qu'ils n'ont jamais supportée, ils se soulèveront, depuis Tripoli jusqu'à Tanger, pour rejeter à la mer juifs et roumis confondus dans le même mépris.

Une telle prospérité, cette influence conquise, n'ont pas suffi à l'Alliance israélite universelle qui considère comme une iniquité que les juifs soient citoyens en Algérie et qu'il ne le soient pas en Tunisie. Le moyen le plus simple de faire disparaître cette distinction serait d'annexer la Régence, car du même coup le décret Crémieux, étendant ses bienfaits à 60.000 juifs tunisiens, en ferait soudain autant de citoyens, électeurs et éligibles. Ils ont déjà la terre et les capitaux ; ils auraient le gouvernement. On comprend maintenant dans quel intérêt les organes de l'Alliance, en France et en Algérie, combattent avec tant d'acharnement le Protectorat et prêchent l'annexion ; mais on voit aussi quelles seraient les conséquences de cet acte politique, et ce que deviendraient désormais trois ou quatre mille français en présence de ce Peuple Roi ! Ce qui échappe à notre entendement c'est que des écrivains indépendants et de bonne foi, se soient laissés entraîner dans ce mouvement annexionniste, fort heureusement déçu, et, en dépit des véritables intérêts de la France, aient fait campagne avec la presse israélite contre M. Cambon et le Protectorat.

Attitude de la Résidence

Les adversaires de la France se réjouissaient ouvertement de voir la colonie presque soulevée contre son gouvernement divisé, désarmé par sa division. Les journaux de Sicile, de Sardaigne, de Naples, présentaient des tableaux réjouis de cette déplorable anarchie. Ils racontaient l'opposition des conseillers indigènes au sein de la municipalité de Tunis, les processions qui se rendaient auprès du Bey, le suppliant d'intervenir en faveur de ses malheureux sujets assoiffés, le Bey attestant son impuissance avec des larmes dans la voix, les clubs où des orateurs variés, et parmi eux des français ! traînaient dans la boue de leurs discours les fonctionnaires de la Résidence, les délégations envoyées à Paris pour attendrir M. de Freycinet, etc. On commentait aussi avec indignation la légende, déjà accréditée à Paris, d'un frère du Bey, son héritier, Taïeb, victime des machinations de la Résidence, emprisonné, dépouillé de ses biens et réduit à se laisser mourir pour ne pas être empoisonné par les mets qu'on lui servait.....

La Résidence n'avait pas à s'inquiéter de la sourde hostilité d'une fraction de la colonie italienne ; elle était assurée que le gouvernement du roi Humbert, loyal observateur des traités, désavouait à l'avance toute opposition qui revêtirait un caractère politique.

A l'égard des irréconciliables arabes qui prenaient prétexte d'une agitation superficielle, factice à certains égards, pour répandre dans la masse des indigènes musulmans de dangereuses illusions d'indépendance, et pour rattacher, s'il pouvait, les mécontents (il y en a toujours et partout) aux projets des grands fauteurs de révolte du Sahara et du Soudan, nos éternels ennemis, il y aurait eu péril à laisser faire. Un exemple s'imposait ; les chefs de cette opposition furent une nuit arrêtés, conduits hors Tunis et internés dans des villes de l'intérieur. Cet acte de fermeté suffit à faire rentrer les dissidents dans la soumission et les vides ainsi causés dans la municipalité furent comblés par de nouvelles élections. M. le commandant Coyne, attaché militaire, qui avait dirigé cette délicate opération, y a gagné l'épithète de « Saint-Arnaud » que lui décernèrent les mécontents.

La Résidence pouvait d'autre part négliger impunément les attaques passionnées de nos nationaux. Tandis qu'on la conspuait avec d'autant plus d'entrain que l'on était assuré de son indifférence, elle poursuivait son œuvre de réorganisation : réformait la police sanitaire maritime qui, en présence de l'épidémie, avait montré la plus déplorable impuissance (décret du 20 février 1885) ; réglementait l'organisation des Communes récemment créées (décret du 1er avril) ; instituait une Chambre de commerce française (décret du 21 juin) ; déterminait les circonscriptions du contrôle civil (arrêté du 1 mai); augmentait le nombre des cantons de justice de paix (décret du 3 août); fixait l'étendue et les limites du domaine public (27 septembre); mettait à la portée des colons un grand nombre de terres jusque-là immobilisées en rendant obligatoire la location (enzel) par voies d'enchères des biens de mainmorte ou biens habbous (décret du 18 août) ; obtenait de ses services financiers réorganisés une plus-value de recettes de 6 millions sur 11 millions prévus par le premier exercice dont elle avait la disposition ; allongeait le réseau des routes ; négociait avec la Compagnie des Batignolles la prompte exécution du port de Tunis dont la construction était décidée ; créait des écoles franco-arabes sur tous les points de la Régence ; mettait pour la première fois en exploitation les magnifiques forêts de la Kroumyrie ; concédait à des sociétés privées l'exploitation des importants gisements de minerais de cette région, en obligeant les concessionnaires à de grands travaux d'utilité publique tels que chemins de fer et ports ; faisait rentrer en Tunisie 60.000 dissidents réfugiés depuis la guerre dans la Tripolitaine ; en un mot inspirait une sécurité telle que les capitaux encouragés affluaient avec confiance et que, dans le cours d'une seule année, 10.000 hectares de terres indigènes, acquis par des européens, la plupart français, venaient grossir le domaine des grandes exploitations agricoles déjà prospères, sur lesquelles deux mille hectares environ venaient d'être plantés en vignes (de Lanessan, *Expansion coloniale*). Telle était la réponse du Protectorat à ses détracteurs,

Le Conflit. Incident du Théâtre d'été

On sait maintenant qu'elle était la situation des partis lorsqu'éclata, sous l'influence des chaleurs de juin, l'incident du théâtre d'été qui allait allumer la guerre entre les pouvoirs.

M. le Président Pontois a résumé comme il suit cet épisode et le *Gaulois* du 9 juillet 1885, a reproduit ces épanchements, lesquels ont par la suite causé la disgrâce de ce magistrat.

« Les actrices d'une troupe italienne de passage à Tunis avaient cru devoir être très farouches à l'endroit des officiers français. Nos officiers résolurent de se venger et, les premiers, vous m'entendez bien, ils avaient sifflé les artistes chaque fois que les italiens avaient applaudi. On se menace, on se dit des injures, et enfin, à la sortie, un officier français fut frappé au visage. Le prestige de notre armée exigeait que celui qui avait frappé un soldat français passât en jugement. L'italien fut condamné à 5 jours d'emprisonnement.

« Tout le monde à Tunis avait trouvé la condamnation suffisante et j'affirme même que si la victime n'avait pas été un officier français, le tribunal, considérant les provocations qui avaient précédé l'offense, n'aurait condamné l'agresseur qu'à une amende. L'avis de tous était donc que les magistrats avaient bien jugé, ce ne fut pas celui de M. Boulanger qui jugea la chose en général. »

Ajoutons : ce général fortement agacé de la situation effacée qu'il occupait en Tunisie, ayant à peine digéré l'échec qu'il avait éprouvé six mois plus tôt en n'obtenant pas (heureusement pour lui) le commandement de l'armée du Tonkin, qu'il

avait sollicité, et prêt à faire peser sa mauvaise humeur sur qui se présenterait.

Ce fut le tribunal qui se présenta. Au récit de l'incident, à la nouvelle du jugement le général saisit sa meilleure plume et libelle, *ab irato*, un ordre du jour assez dur pour les magistrats. Allons, soldats, c'est ainsi qu'on vous protège ? faites-vous justice vous-même ; votre général, outré d'un jugement dérisoire, vous l'ordonne !

C'est le premier mouvement ; c'est le militaire qui parle : puis vient la réflexion, l'examen de conscience. L'homme qui commande à tant d'autres a-t-il bien su se maîtriser lui-même ? Il avait raison d'être indigné, mais il a eu tort de traduire cette indignation dans un document public qui peut entraîner, qui entraînera, des conflits administratifs et diplomatiques : c'est ce que comprend le général Il modifie lui-même son ordre du jour et quelques jours plus tard, dans une cordiale entrevue avec le président Pontois, il affirme hautement le plein accord des pouvoirs publics.

Mais l'incident avait déjà porté ses conséquences. M. de Freycinet avait demandé des explications. M. Robin, consul, secrétaire général de la Résidence, un des plus zélés collaborateurs de M. Cambon, partait, le 8 juin pour exposer verbalement la situation au ministre des affaires étrangères. Bref le gouvernement, apercevant tout d'un coup les vices du décret du 21 avril 1882, décidait la réunion de tous les pouvoirs entre les mains du résident promu au grade de résident général. (Décret du 23 juin 1885.)

Le conflit se terminait donc à l'avantage de la Résidence. En vain M. le général Boulanger et M. Pontois, avaient demandé à venir s'expliquer auprès de leurs ministres respectifs et occupèrent la presse parisienne pendant le mois de juillet tout entier. Soit qu'ils eussent mollement conduit leur siège, soit qu'ils eussent poursuivi un autre but, ils aboutirent seulement, M. Pontois à se faire nommer ailleurs, et M. le général Boulanger (qui avait mis à profit son séjour à Paris habilement prolongé), à prendre la succession de M. le général Campenon. C'est ainsi que l'incident du théâtre d'été fut indirectement la cause de l'élévation soudaine du ministre de la guerre. On comprend dès lors qu'il n'en ait point gardé rancune à M. Cambon.

Succès final du Protectorat assuré par ses résultats

Retenu en France un peu par les intrigues qui se nouaient et se dénouaient incessamment autour de son emploi, si peu enviable et tant envié, retenu aussi par le désir de mener à bien les négociations relatives au port de Tunis, à la modification du tarif des douanes de la Régence, à la refonte de son système métrique, etc. M. Cambon dirigeait son département depuis Paris, secondé au quai d'Orsay même par le chef du bureau des affaires tunisiennes, M. Jusserand, et jetant avec M. de Freycinet les bases d'une organisation définitive des pays de protectorat, qui allait être consacrée par le décret du 8 janvier 1886, décret rattachant ces pays, uniformément, au ministère des affaires étrangères. L'expérience faite en Tunisie allait ainsi servir de guide à notre diplomatie.

En l'absence de M. Cambon c'est M. Bompard, en qualité de chargé d'affaires, qui expédiait les affaires courantes et cumulait cette importante fonction avec son emploi ordinaire de secrétaire général du gouvernement tunisien, travaillant le matin avec les ministres indigènes, au Dar el-Bey, le soir à la Résidence, avec les chefs de service français.

C'est ainsi que le budget de 1303 (d'octobre 1885 à octobre 1886) était présenté par M. Bompard à la signature du Bey avec un rapport qui contient ce passage caractéristique :

« Les prévisions de recettes sont de 31.416.000 piastres. Malgré de nouveaux dégrèvements en faveur des produits agricoles, dont l'ensemble ne saurait être évalué à moins d'un million de piastres, malgré la crise commerciale dont souffre la Tunisie comme l'Europe, les ressources de l'État continuent à s'accroître en suivant une progression surprenante. Tels sont les résultats d'une administration financière intègre, ordonnée et soucieuse des intérêts du Trésor. »

C'est encore M. Bompard qui a présenté au Bey le budget de 1304 (octobre 1886-1887.) lequel accuse avec une éloquence numérique encore plus accentuée, cette étonnante progression de la richesse de notre colonie. Ce dernier budget préparé par l'administration de M. Cambon s'élève, cette fois, a 43 millions de piastres de recettes, au lieu de 31 millions.

C'est qu'en effet, le précédent exercice venait de donner cinq millions de plus-value sur ses prévisions, lesquels augmentés des 11 millions qui représentent l'excédent des exercices antérieurs à l'année 1303, et ajoutés aux 27 millions des ressources ordinaires, permettent d'atteindre ce chiffre de 43 millions de piastres cité plus haut.

Par anticipation sur le budget des dépenses la prévoyance administrative avait déjà disposé, par décret daté du 12 juillet 1886, de 27 millions disponibles, qui ont été affectés comme suit :

15 millions à la dotation d'un fond de réserve d'État et 12 millions attribués aux futurs travaux du port de Tunis.

Quelques esprits moroses ont allégué que cette prospérité était toute apparente, (comme s'il pouvait y avoir quelque chose de plus réel que des excédents de recette !) et que le commerce, notamment le commerce français, ne se ressentait en aucune manière des brillants résultats de la politique résidentielle. Il est facile de répondre à ce reproche.

Le Journal Officiel Tunisien a publié dans son numéro du 8 avril 1886 l'état statistique dressé par la direction des douanes pour le premier trimestre 1303 (13 octobre 1885-12 janvier 1886) Cet état contient pour la première fois des renseignements détaillés sur le commerce de la Tunisie avec les autres nations.

Afin de faciliter la comparaison de la situation actuelle avec celle des années antérieures, l'*Officiel* a publié en outre un tableau récapitulatif des opérations effectuées pendant les dix dernières années.

Prenons la moyenne des droits de douane perçus dans l'une des cinq années qui ont précédé l'établissement du Protectorat. Cette moyenne a été de 3.906.229 piastres. La même moyenne, pour l'une des cinq années qui ont suivi l'occupation française, a été de 7.055.980 piastres. La différence entre les deux rendements est donc de 3 millions de piastres ; en d'autres termes le rendement des douanes a doublé, ou peu s'en faut, depuis le Protectorat.

Si d'autre part, au lieu du rendement des douanes, nous prenons pour base de comparaison la valeur des marchandises importées pendant une année antérieure au Protectorat et pendant une année du Protectorat, nous voyons que dans le premier cas, cette valeur a été de 40 millions de piastres environ, et dans le second cas, de 75 millions, c'est-à-dire près du double.

Dans quelle proportion l'industrie française profite-t-elle de cet accroissement du mouvement commercial de la colonie ? C'est encore le tableau des importations du premier trimestre de cette année qui va nous répondre. D'après ce tableau le chiffre total des importations atteint près de 7.500.000 piastres, sur lesquelles la France figure pour 3.700.000 piastres, soit plus de la moitié (*Petit Tunisien* du 21 avril 1886).

On aurait eu mauvaise grâce, en France, après ces constatations, à ne pas rendre justice à une administration qui, la dette étant au pair après être tombée à 18 0/0 (en 1869), le budget étant porté en deux ans de 23 millions à 43 millions de piastres, peut mettre encore quinze millions à la caisse d'épargne.

Cette éclatante prospérité est le résultat d'une gestion à la fois entreprenante et pleine de prudence, active et prévoyante, étendue également à tous les services publics, et qui, dans le cours de cette dernière année, ajoutait aux travaux que nous avons déjà énumérés, cette autre série d'améliorations utiles : Création d'une seconde chambre au tribunal français, — application de l'état-civil aux Indigènes (mesure agréée par eux sans opposition) — organisation d'un service topographique pour l'établissement du cadastre (conséquence de la loi foncière) — laïcisation du collège de Tunis, et fondation d'une école normale franco-arabe. — éclairage des côtes, — unification des poids et mesures et introduction du système métrique, — essai de transformation des monnaies beylicales, — révision des droits divers (mashoulats). — création d'une direction des beaux-arts chargée de la conservation des richesses archéologiques, — concession au génie militaire français de tous les terrains et immeubles occupés par nos troupes et nécessaires à la protection du territoire, — concession à la Chambre de commerce française du droit d'exploitation des quais du port projeté à Tunis — concession à une compagnie des lignes urbaines de tramways, — concession à M. de Lesseps du droit de forer des puits artésiens dans le sud, et de creuser un port a l'Oued-Mélah (près Gabès). — rapatriement des derniers dissidents, — pacification complète du sud et délimitation définitive de la frontière tripolitaine jusque là douteuse, — tous résultats du voyage personnel fait par M. Cambon sur cette frontière, au mois de mai. — en un mot, la pacification complète du pays assurée malgré la réduction récente de la division d'occupation en une simple brigade, etc., etc.

Sans doute nous avons pu en omettre, dans cette énumération des derniers actes de l'administration résidentielle sous M. Cambon; quant à ceux que nous citons, il n'en est pas un qui ne soit rigoureusement exact.

Conclusion

M. Cambon n'était revenu en Tunisie que le 1ᵉʳ janvier 1886 pour y recevoir les députations accoutumées, et son discours, dans lequel il annonçait sa ferme intention de persévérer dans sa tâche malgré tous les obtacles, ne laissait pas prévoir que dans le courant de cette même année, il l'abandonnerait. Les instances de M. de Freycinet, qui songeait à lui confier une de nos grandes ambassades, ont triomphé de ses résistances ; des raisons de famille ont hâté sa décision ; il prend possession du poste de Madrid emmenant avec lui M. Bompard, son dévoué collaborateur, ce qui a donné un instant à penser que le Protectorat allait être abandonné et les places devenues vacantes attribuées à des partisans d'un nouveau système.

Il n'en sera rien, heureusement pour notre belle colonie. En présentant au Bey ses lettres de rappel, le 11 novembre dernier, M. Cambon a dit : « Les habitants de la Tunisie apprécient les bienfaits de la nouvelle administration et vivent en paix sous un régime respectueux de leur religion et de leurs usages. *La République Française* fidèle à l'amitié qui unit les deux Etats et aux traités réglant leurs rapports, n'abandonnera pas une politique aussi féconde en résultats. »

Il faut savoir gré à M. de Freycinet d'avoir résisté à toutes les sollicitations, d'avoir écarté les hommes politiques d'un poste qui demandait un administrateur également éloigné de tous les partis, et d'avoir affirmé ainsi sa ferme intention de maintenir en Tunisie un régime qui a donné des résultats aussi satisfaisants. M. Bihourd, le nouveau résident général, aura pour mission de marcher dans les traces de M. Cambon. Nous lui souhaitons la prudence et le succès de son prédécesseur, afin qu'un jour le Bey puisse lui redire ce touchant adieu qu'il adressait hier à M. Cambon : [1]

« Vous étiez pour moi un ami et je vous vois « partir avec douleur. Que le Dieu tout-puissant « vous couvre de sa protection et vous aide dans « la mission nouvelle que votre gouvernement « vous a confiée. Je suis reconnaissant à la Répu-« blique française du bien que vous avez fait en « Tunisie. J'aime la France et je vous remercie « d'avoir été l'agent de la politique qui assure à « mes Etats la sécurité et qui aide au développe-« ment de toutes les richesses du pays. »

Marseille, 8-15 novembre 1886.

[1] M. Bihourd a été remplacé par M. Massicault avant d'avoir pu [...] se [...]

Documents manquants (pages, cahiers...)
NF Z 43-120-13